BRUNO WALTER

Von den moralischen Kräften der Musik

OGHAM-BÜCHEREI

33

Bruno Walter

Von den moralischen Kräften der Musik

Vortrag gehalten im
Kulturbund zu Wien

OGHAM VERLAG STUTTGART

Einbandgestaltung von Christiane Lesch
und Lotte Boelger-Kling (Schrift)

Wir danken an dieser Stelle der «Bruno Walter Memorial Foundation», New York, für die freundlich erteilte Erlaubnis zum Abdruck dieser Vortragsnachschrift.

Das Nachwort wurde dem Band «Von der Musik und vom Musizieren» entnommen. Der Abdruck erfolgt mit freundlicher Genehmigung des S. Fischer Verlages, Frankfurt/M.

2. Auflage 1996

Gesamtherstellung: Freiburger Graphische Betriebe
ISBN 3-7235-0844-8

Er war eine der glücklichsten Erscheinungen in meinem Leben. Er hatte das ausgeglichene Wesen eines Engels, war nie mürrisch oder arrogant. Es floß aus ihm heraus. Sein Wissen von den Dingen der Musik und der Kunst ganz allgemein war universal.

Lotte Lehmann über Bruno Walter

Selten findet man einen solch innigen Zusammenklang zwischen Musiker und Mensch, selten haben sich Geist und Erleben der Musik in einem schöpferischen Künstler so vollkommen offenbart, selten aber hat sich auch ein Musiker so tief zur Erkenntnis des Wesens der Musik durchgerungen, sich so unbeirrt von dieser Erkenntnis leiten lassen, wie Bruno Walter, der einmal als das «Gewissen der Musik» bezeichnet wurde.

Wolfgang Stresemann über Bruno Walter
(zitiert nach «Bruno Walter Briefe»,
Frankfurt/M. 1971)

Meine Damen und Herren!

Hat sich nicht Ihnen allen schon im Konzertsaal, beim Betrachten der Zuhörer, ein interessantes physiognomisches Phänomen gezeigt? Erinnern Sie sich, wie das Publikum vor Beginn des Konzertes, vielleicht festlich gekleidet, aber mit der Miene des Alltags umherstand oder dasaß, – wie nun Schweigen eintrat, die Musik begann, alle diese verschieden gestimmten Menschen in ihr Reich aufnahm und wie sich dann unter ihrem Einfluß ein hartes Gesicht erschloß, ein schlaues gütig wurde, ein banales ernsthaft, ein zynisches gerührt erschien, kurz, wie eine physiognomische Verwandlung vor sich ging, die zeigte, daß mit allen etwas Tiefes, Gutes geschehen war? Augenscheinlich also hatte die Musik, zugleich mit ihrer musikalischen Fesselung, Unterhaltung, Beglückung, Bereicherung, eine Art ethischen Appels an die Zuhörer gerichtet, der in Worten ausgedrückt etwa lauten würde: hinunter ins Vergessen mit dem Banalen und Bösen in Euch, herauf mit Euren besten, reinsten, wärmsten Gefühlen! Übertreibe ich? Oder hat nicht jeder von Ihnen, wenn er sich dafür interessierte, beobachtet, wie die Musik zuerst zur Sammlung zwang und dann zur Erhebung aufrief? So bietet sich uns die Frage dar, welche Kräfte wohl in der Musik wohnen, die außer an den musikalischen auch an den moralischen Menschen zu appellieren vermögen. Bevor ich mich aber ihrer Betrachtung zuwende, möchte ich erst einem möglichen Mißverständnis vorbeugen: ich bin weit davon entfernt, die moralischen Wirkungen der Musik als ihre wichtigste Mission anzusehen, also aus ihr eine Erzieherin, eine Art Edelgouvernante zu machen. O nein! Das Wesentliche an der Musik bleiben ihre musikalischen Kräfte und Wirkungen; sollte ihr aber – im Nebenamt sozusagen – etwas Weltverbesserung gelingen, so hätten wir allen Anlaß, für die Mehrung des «Guten» eine besondere Dankesfeier vor dem Altar des «Schönen» zu begehen.

Für die Erkenntnis des erwähnten ethischen Appels, den die Musik an uns gerichtet, stehen uns glücklicherweise ergiebigere Quellen zu Gebote als solche immerhin vieldeutige physiognomische Beobachtungen, wie ich sie vorhin beschrieb: statt der fremden Gesichter können wir die eigene Seele befragen, wie ihr unter der Einwirkung der Musik zu Mute wird. Und wer von uns fühlte da nicht, wie, schneller als vor der Sonne das Gewölk, vor der Macht der Musik die Stimmung des Augenblicks verfliegt, wie sich alles, was in uns an Güte und Liebe lebt, aufgerufen fühlt.

In herzlicher Weise hat der Dichter Schober das ausgesprochen, wenn er in den von Schubert komponierten Versen zur Musik sagt: «Du hast mein Herz zu warmer Lieb' entzunden, hast mich in eine bess're Welt entrückt». Diesen Zustand der Aufwallung des Herzens, der Erhöhtheit, der Rührung, ja der Ekstase, den wir der Musik verdanken, – wir alle, die wir Musik lieben, kennen ihn aus zahllosen Erfahrungen. Und so frage ich nun: was an ihr ruft das Gute, die «warme Lieb'», von der Schober spricht, in uns auf? Ist es die hohe, ethische, liebeerfüllte Persönlichkeit des Komponisten, die sich in seiner Musik ausdrückt oder durch seine Musik so stark hindurchwirkt, daß sie uns zu den gleichen Gefühlshöhen unwiderstehlich hinaufträgt? Oder gibt es vielleicht, unabhängig von der Persönlichkeit des Komponisten, im Wesen und Ablauf jeder Musik Eigenschaften, die auf unser Ethos zielen? Und endlich: wird der Mensch nun wirklich besser unter dem Einfluß der Musik, oder geht es ihr mit ihrem ethischen Appell nur ebenso wie dem heiligen Antonius von Padua mit seiner Predigt für die Fische, von der das Gedicht erzählt: «. . . die Predigt geendet, ein jedes sich wendet, die Hechte bleiben Diebe, die Aale viel lieben, . . . die Predigt hat gefallen, sie bleiben wie alle», d. h. sie bleiben wie sie waren. Wenn es der Musik nun ähnlich mit ihrer Predigt für die Menschen ginge? Wenn sie auch viel Gefallen daran fänden, aber ohne daß der ethische Appell eine Dauerwirkung hätte? Und läge das dann an der Schwäche der moralischen Kräfte der Musik oder an der Unverbesserlichkeit der Menschen? Unsere bisherigen Erfahrungen scheinen die Doppelfrage ungünstig zu beantworten: denn wenn der Mensch durch den Einfluß der Musik entschieden gebessert würde, so müßten vor allem doch wir Musiker die moralische Blüte der Menschheit sein; ihre reinigenden Wellen umbranden und tragen uns täglich und wir leben unter ihrem ständigen Einfluß. Aber ich fürchte, der Musiker ist im allgemeinen um nichts besser oder schlechter als ein Vertreter anderer Berufe; und wenn unter den großen Schaffenden gewiß Bach, Beethoven, Mozart, Schubert erhabene und reine Persönlichkeiten waren, so gibt es wiederum andere schöpferische Genies, deren Leben uns nicht mit so unbedingter menschlicher Verehrung erfüllt. Selbst also in der schöpferischen Seele, aus der echte Musik quillt, – Musik, von der wir uns erhöht, gerührt, gereinigt fühlen – selbst in solcher Seele hat es böse Regungen, auch in ihrem Leben hat es niedrige Handlungen und kleinliche Gefühle gegeben. Sieht es demnach nicht so aus, als erziele der ethische Appell in der Musik nur flüchtige Augenblicks-Erfolge, als wirke er auf die Seele nur wie der elektrische Strom auf den Elektromagneten, der während der Einschaltung eine große Potenz, nach der Ausschaltung ein totes Eisen ist? Ich glaube es nicht, daß wir die ernste Bedeutung der moralischen Kräfte der Musik zu bezweifeln brauchen; und auch nicht die menschliche Eignung, sie ernstlich zu nützen. Nur empfiehlt es sich, in unseren Erwartungen bescheiden zu sein, nicht anzunehmen, daß die Musik uns gut und vollkommen, vielleicht aber doch, daß sie uns besser machen kann. Hiervon bin ich überzeugt und möchte zur Begründung meiner hoffnungsvollen Meinung zunächst die moralischen Kräfte der Musik eingehender betrachten, um sodann von der Möglichkeit ihrer Auswirkungen zu sprechen.

Ich finde, daß die Musik auf drei verschiedene Arten moralische Kräfte betätigt: als Botschaft, als Interpretin und als Kriterium ethischer Werte. Am schwierigsten ist es vom ersten zu reden – auszusprechen, inwiefern sie mir als eine Botschaft aus dem Reich des Ethos erscheint; denn gleich den Seraphim im Tempel des Herrn deckt sie mit zweien ihrer Flügel ihr Antlitz – wir können ihr nicht ins Auge blicken; oder, ohne Vergleich gesprochen, wir können mit der Klarheit des Verstandes ihr Wesen nicht erfassen, ihm also keinen begrifflich-sprachlichen Ausdruck geben.

Vor etwa zwei Jahren veranstaltete ein junger Musik-Enthusiast in New York eine Enquête; er legte allen namhaften Musikern die Frage vor; «Was ist Musik?» Die mir bekannt gewordenen Antworten, die er von anderen Seiten erhielt, schienen mir teils falsch, teils unzulänglich. Ich selbst antwortete nicht – weil ich mich unfähig dazu fühlte. Seither habe ich öfter nach einer Formulierung gesucht, die mir nicht gar zu ungenügend vorkommt; aber bis heute kann ich nicht sagen, was Musik ist. Und doch wissen wir es alle, wenn wir statt im Lichte des Denkens und Redens uns ihr im Dunkel des Fühlens lauschend zuwenden; und wir fühlen da, daß uns nichts vertrauter, nichts näher, nichts offenbarer sein kann als das geheimnisvolle Wesen der Musik. Und bei solchem Hineinlauschen hören wir, daß ein Grundgesetz den unendlichen bewegten Reichtum aller Musik regelt: die Dissonanz will zur Konsonanz, sie muß sich auflösen; aus ihrem Streben zur Versöhnung, zur Befriedung, zur ruhenden Harmonie besteht im Grunde der zeitliche Ablauf der Musik, jeder Musik, unabhängig davon, wer sie geschrieben hat. Diese Tendenz – das Streben vom harmonischen Unruhe-Zustand zum Ruhe-Zustand – ist der Musik, d. h. der abendländischen Musik, von der in diesen Ausführungen einzig die Rede ist, wesenseigen; darin ist sie unerschütterlich und naturgesetzhaft gebunden, daß die Dissonanz ein Unselbständiges, Weiter-Strebendes, zum Fortschreiten Gezwungenes und Zwingendes ist, daß sie zur Konsonanz werden will und daß alle Musik am Schlusse im endgültigen Frieden des

Grundakkordes ankommt. Ich kann diese Darlegungen nicht zu sehr durch musiktheoretische Ausführungen belasten, doch muß ich in Kürze erwähnen, daß auch in der Struktur der Komposition, also nicht nur in der Harmonie, Unruhe-Elemente als treibende Kräfte wirken, die, analog den Dissonanzen und in engster Wechselwirkung mit ihnen, den Weg zur Beruhigung suchen: wäre jede Konsonanz Beruhigung, so könnte ein Stück sehr oft schließen; aber eine Konsonanz in einem strukturalen Unruhe-Moment ist und läßt fast so unbefriedigt wie eine Dissonanz – die Konsonanz bedarf erst der Bestätigung von der Seite der Struktur, um als Ende, als Versöhnung, als Befriedung zu wirken.

Der thematisch-melodische Verlauf erzeugt diese harmonische und formale Unruhe, verzögert und behindert ihre Lösungen, um am Schluß die gemeinsame melodisch-harmonisch-formale Ruhe herbeizuführen. Die seelische Erregung, die aus solchen Verzögerungen und Behinderungen entsteht, ihre gefühlsmäßige Wirkung beruht eben gerade darauf, daß die Dissonanz zur Konsonanz, die formale Unruhe zur Ruhe strebt, die ihr durch den Fortgang der Komposition vorenthalten wird, und erst am Schluß zur Befriedung gelangt. Die Begriffe der Dissonanz und Konsonanz haben als Grundlage den der Tonalität; ein Zusammenklang ist dissonant oder konsonant, je nachdem er in die Richtung einer Tonalität strebt oder sie erreicht hat. Wer den Begriff der Tonalität leugnet, hebt damit den der Dissonanz und der Konsonanz auf. Hier liegt der Irrtum der Atonalen: da sie keine Tonalität kennen, sind ihre Dissonanzen nicht der Fortschreitung bedürftig, haben also ihren Sinn verloren. Ihre Musik nimmt statt des natürlichen einen künstlichen Verlauf, sie ist ein homunkulusartiges Wesen, von ihnen geschaffen, eine abstrakte Sprache in Tönen. Dieses

Idiom mußte dem wahrhaft musikalischen Sinn unverständlich und unglaubhaft bleiben, da seine Schöpfer, statt der Musik ihr Eigengesetz zu entlauschen, es durch eine Theorie mehr oder weniger verstandesmäßiger Herkunft ersetzten. So konnte ihr Schaffen vielleicht als kühn und geistreich, nicht aber als musikalisch empfunden werden. Es scheint mir nicht unnötig zu betonen, daß selbst die komplizierteste und kühnste Harmonik, solange sie sich auf eine noch irgendwie erkennbare Tonalität bezieht, niemals atonal genannt werden darf, wozu Gegner der «Moderne» häufig neigen. Meine Ausführungen gelten natürlich nur den wirklich Atonalen, d. h. denen, die die Tonalität ablehnen. Ebenso hoffnungslos müßte ein Experiment, das man sich ja immerhin vorstellen kann, ausgehen, der Musik das Schließen im Grundakkord vorzuenthalten: niemand würde akzeptieren können, daß ein Stück mit einer Dissonanz endigte – man könnte einfach nicht glauben, daß es aus sei, sondern würde nur den Eindruck der Unterbrechung empfangen. Willkür des Komponisten ist machtlos gegenüber dem nicht zu brechenden Willen der musikalischen Sprache, die Dissonanz im Sinn der Tonalität aufzulösen und mit dem Grundakkord zu schließen. Der Vollständigkeit halber fühle ich mich noch verpflichtet, darauf hinzuweisen, daß wir zwei Grundakkorde haben – den Dur- und den Molldreiklang und daß – nach meinem Gefühl – die beiden nicht gleichwertig als Schlußharmonie wirken. Gewiß ist die kleine Terz fast so konsonant wie die große und doch klingt für mich im Molldreiklang ein zart dissonantes Element leise mit; etwas ähnliches muß Bach gefühlt haben, wenn er ein Stück in Moll mit einem Durdreiklang schloß. Indessen – die Musik selbst willigt ein, in Moll zu schließen und so haben wir anzuerkennen, daß ihrem elementaren Streben nach Versöhnung in zwei verschiedenen Formen genügt werden kann, wenn uns auch die eine davon nicht in vollster Befriedung entläßt. Der Grundakkord ist die einzige Harmonie der Erfüllung, der Wunschlosigkeit, des Ruhenkönnens und im Grunde ist er unaufhörlich, ewig, da, wenn er mit dem strukturalen Endpunkt zusammenfällt, von seiten der Musik kein Streben nach Veränderung mehr entstehen kann. Der Hörer nimmt also gefühlsmäßig teil an dem erwähnten ständigen Streben aus der Unruhe nach Befriedung und an der am Schlusse erreichten endgültigen Versöhnung. Wir müssen aber hierbei das, was die Musik selbst erzählt, streng unterscheiden von dem, was uns ein Komponist durch die Musik erzählt.

Wesenseigen ist ihr das erwähnte Streben von der Dissonanz zur Auflösung, gipfelnd im Abschluß auf der Konsonanz – sie selbst erzählt also von Streben und Befriedung; das hindert nicht im geringsten, daß der Komponist mittels dieser Sprache uns von Leid, Unfrieden, Trotz und Verzeiflung erzählen kann. Ist doch auch die Materie vom Gesetz des Falles, von der Gravitation, beherrscht; und das hindert ebensowenig, daß eine schwere Metallkonstruktion wie der Aeroplan in die Lüfte steigen und sich dort in der Bewegung des Fluges halten kann. Die Analogie ist vollkommen: in beiden Fällen triumphiert menschliche Kraft über die Grundqualität eines Elementes. Aber wie die wahre Einfühlung gerade in der überlegenen Meisterung und Ausnützung des Gravitationsgesetzes zum Fluge das Gesetz selbst tiefer als je erkennt, so blickt das Eigenwesen der Musik uns aus der kühnen Ausnützung ihrer Sprache zu freiestem seelischen Bekenntnis um so klarer an. «Hinauf», «rechts», «links» ist der Weg des Flugzeuges und «hinab» heißt das hier gemeisterte Grundgesetz. «Ausdruck für den Reichtum der Gefühle» – überbringt uns die Kunstsprache der Töne und «Versöhnung» ist das Grundgesetz der Musik als Element, das hier abgewandelt wird.

Der Komponist mag mittels der Musik von Leid erzählen, sie selbst flüstert gleichzeitig von Glück; und ihr Eigenlaut ist mächtiger als seine Schilderung – er mag sein lautestes Nein rufen, die Sprache, die er dazu verwendet, singt ein leises und doch machtvolleres Ja mit. «Lust ist tiefer noch als Herzeleid», sagt Nietzsche; so ist die «frohe Botschaft», die die Musik als Element uns bringt, tiefer, als das vielfältige Lebensleid, das sie als Seelensprache interpretiert. Hierin – im Eingeschlossenwerden in die tiefe Lust einer großen Versöhnung – liegt ein Hauptgrund der Beglückung des Hörers durch Musik. Unsere innige Sehnsucht, unser tiefer Wunsch nach Harmonie – Harmonie in einer übermusikalischen transzendentalen Bedeutung des Wortes – fühlt sich im Ablauf der Musik bejaht, bestätigt, beruhigt und in diesem Sinn erscheint mir die Musik als eine Botschaft – eine hohe ethische Botschaft – die aus den Mysterien der tönenden Welt dem ethischen Teil unseres Wesens beglückende Kunde bringt.

Von der Erörterung dessen, was uns die Musik selbst erzählt, wende ich mich nun in meiner Betrachtung dem zu, was uns das schöpferische Genie mittels der Musik sagt; lassen Sie uns sehen, welche moralischen Kräfte die Musik als Interpretin der menschlichen Gefühlswelt betätigt.

Der Komponist übersetzt seine Gefühle in Musik und ihre ausdrucksmächtige Sprache vermittelt sie dem Hörer. «Sie weckt der dunklen Gefühle Gewalt, die im Herzen wunderbar schliefen», sagt Schiller von der Musik und wir fügen hinzu, daß sie sie nur wecken kann, da sie von den gleichen dunklen Gefühlen stammt und von ihnen beredte Kunde gibt.

Dunkle Gefühle! Ja, gibt sie nicht auch von sehr klaren, bewußten Gefühlen Kunde? Hat sie nicht durch und seit Beethoven eine Ausdruckskraft von fast autobiographischer Deutlichkeit gewonnen?

Meine Damen und Herren, – ich warne davor, die Musik als eine Art Privatbrief anzusehen, in welchem der Komponist seine Erlebnisse und Gefühle schildert: nur wenn, wie bei Beethoven, das Erlebnishafte ganz in Musik aufgelöst, ganz zu Musik geworden, wenn es aufgehört hat zu bestehen, wenn wir also nicht mehr durch Erlebnisreste im Genießen eines rein musikalischen Verlaufs gestört werden, ist der Einbruch des Persönlich-Bekenntnishaften in die Musik als Bereicherung zu werten. Ferner aber kommt es hier für uns weit mehr auf die «dunklen Gefühle» an, weil gerade aus deren Übertragung vom Schöpfer zum Hörer hervorgeht, welche sprachgewaltige Interpretin die Musik ihrem Wesen nach ist; wie sie, auch ohne daß der Komponist bewußt versucht, bestimmte Gefühle in Tönen auszudrücken, Kunde von seinem Herzen gibt; daß sie also aus jener Tiefenregion der Seele fließt, wo sich noch nichts für das Bewußtsein geformt hat, wo nur das Ich, von der dunklen Gefühle Gewalt bewegt, haust. Ich glaube, daß die Musik authentische Kunde vom Ich des Komponisten bringt, daß das Andante der Jupiter-Symphonie uns ergreift und erhebt, weil die edle Seele Mozarts im Zustande der Erhebung und Ergriffenheit diese Musik verströmte; und solche Kunde bringt uns der ganze unübersehbare Reichtum der großen Musik. Richard Wagner sagt: «Ich kann den Geist der Musik nicht anders fassen als in der Liebe», und hiermit dürfte er in der Tat das Entscheidende ausgesprochen haben; aus einer großen Liebeskraft und Liebesfülle quillt die Musik und die vielleicht größte Leistung unserer Kunst, das Beethovensche Adagio, tönt, wie es in Schuberts «An die Leier» heißt, nur Liebe im Erklingen. So ist es denn auch zu verstehen, daß der ethische Appell, den die Musik als Interpretin der schöpferischen Seelen an uns richtet, in unser Innerstes dringt: wer könnte wohl der Liebesbotschaft der Bach, Schubert, Mozart, Beethoven, Brahms usw. widerstehen?

Gewiß, die Musik besteht nicht nur aus Beethovenschen langsamen Sätzen und auch diese enthalten nicht nur den musikalischen Ausdruck für ein tiefes aber einheitliches Gefühl, sondern für eine Vielfalt der verschiedenen Empfindungen; denn ebensowenig besteht das Seelenleben des Schaffenden aus einem einzigen undifferenzierten Gefühl der Liebe; im Gegenteil: der volle Reichtum einer bewegten Gefühlswelt mit Lust und Unlust, Übermut und Schwermut, Leidenschaft und Resignation füllt die Seele und wird Musik.

Und doch kann ich all das nur als eine Teilung, eine Brechung des einen zentralen, das All umarmenden Gefühls ansehen; ich glaube, daß die Mannigfaltigkeit der Empfindungen und der ihnen entströmenden Musik sich zu diesem ihrem Wärme-Zentrum verhält, wie der Reichtum der Farben zu dem einen Licht, das in ihnen lebt, in ihnen sich bricht und ihnen ihre Intensität verleiht. Übrigens ist wichtig zu beachten, daß auch in den schnellen Sätzen das sogenannte Gesangsthema – meistens das zweite Thema – wie überhaupt jede Gesangslinie zum Artbereich des Adagio oder Andante gehört, dessen Vormacht in aller Wechselfülle der Musik hierin deutlich erkennbar wird.

Ich habe bisher nur von der absoluten Musik gesprochen, da in der angewandten Tonkunst der dramatische Ausdruck die Botschaften übertönt, die sie sonst aus eigenen Tiefen oder dem Herzen des Schaffenden überbringt.

Gerade die dramatische Musik aber kann uns, wenn auch nicht den tiefsten, so doch den klarsten Aufschluß über die moralischen Kräfte der Musik geben. Auf der Opernbühne agieren doch edle Menschen und Bösewichter, Intrigen werden gespronnen, Frömmigkeit und Lästerung, Reinheit und Verderbtheit, Güte und Haß, Frivolität und Erhabenheit sind für das Theater in Musik gesetzt worden. Wie verhält sie sich nun in den Szenen des Betruges oder Hasses? Begleitet ihre adelige Sprache ebenso ausdrucksmächtig den unmoralischen wie den moralischen Vorgang? Verleiht sie ihre Gnaden gleichmäßig an Gut und Böse? Keineswegs! – Sie nimmt geradezu Partei, verschenkt sich um so freigebiger, je höhere Menschlichkeit in den dramatischen Vorgängen zum Ausdruck gelangt und kargt mit ihren Kräften, wo es sich um die tieferen Seiten der menschlichen Natur handelt. In diesem Sinn kann man sie ein Kriterium der

Moral nennen: Beobachten Sie nur, wie musikalisch Unbedeutendes, verhältnismäßig Nichtssagendes dem Judas, den falschen Zeugen, dem Hohepriester in der Matthäuspassion gegeben ist – wie Petrus den Herrn in belangloser rezitativischer Phrase verleugnet und wie dasselbe Rezitativ zu wahrer Musik wird, wenn der Evangelist von der Reue spricht und erzählt, daß Petrus hinausgeht und bitterlich weint. Es ist gewiß ein weiter weg von solchem Fall, wo die Musik sich dem Bösen einfach versagt, bis zu den Ketzerchören im Händelschen Messias oder der Pizarro-Arie im Fidelio, wo sie versucht, dem Haß und Hohn zu starkem, musikalischem Ausdruck zu verhelfen; so entstanden Musikstücke voll Vitalität, Kraft und dramatischer Wucht; und doch – man vergleiche sie mit der Musik der Gläubigen, der Begeisterten, der Liebenden, Trauernden, Anbetenden in diesen Werken – es ist der Unterschied zwischen Pegasus im

Joch, der an die Erde gefesselt mit seinen feurigen Kräften die allzu irdischen Lasten zieht und dem, der die Flügel entfaltet und sich in den unendlichen Himmelsraum erhebt. Oder unbildlich ausgedrückt: im grenzenlosen Reich der Musik gibt es auch Bezirke des «Wilden» und des «Interessanten»; diese stellt sie dem Bösen zur Verfügung. Es sind Grenzbezirke, die dem Triebhaften, beziehungsweise dem Verstandesmäßigen der menschlichen Natur entsprechen. Aber man höre die schon erwähnte Pizarro-Musik im Fidelio neben Leonores und Florestans Gesängen und man wird die astronomische Distanz zwischen dem Gebiet der ersteren und den Sphären der letzteren, in denen die höchsten Kräfte der Musik walten, wahrnehmen. Wieviel weniger wirkliche Musik dem moralisch Tiefen gegeben ist, erhellt auch, wenn man sie sich ohne Worte vorstellt; die Musik der höheren Gefühle dagegen ergreift uns fast mit derselben Macht auch bei fortgelassenem Text: Man denke an die Arie «Erbarme Dich» aus der Matthäuspassion oder an Leonores «Komm Hoffnung» in Fidelio. Was gibt Mozart dem Intriganten Bartolo zu singen und was der seelenvollen Gräfin, der liebenswürdigen Susanne? Wie verhält sich des rasenden Alberich, des tückischen Mime Musik zu der Sigmunds und Sieglindes, wie die Töne des ränkevollen Wotan in Rheingold, des zürnenden in der Walküre zu der strömenden Musik seines Lebewohls an die geliebte Tochter? Den hassenden, intriganten, auf Schaden ausgehenden Personen ist verschlossen, was ich vorhin «Artbereich des Adagio oder Andante» nannte. Dies Gebiet – das ausgedehnteste der Musik, weil wir seine Elemente auch in allen Gesangsphrasen der schnellen Tempi finden – und mit ihm die ganze Fülle ihrer Macht stellt sie dagegen den ethisch hohen Gefühlen und Personen zur Verfügung. Ich kann nicht genug empfehlen,

Stücke von gewiß dämonischer Ausdruckskraft wie die Lysiart-Arie in Webers Euryanthe, Pizarros Auftritt zum Mord im zweiten Akt Fidelio, Alberichs Fluch im Rheingold mit dem Fidelio-Ensemble «O Gott welch' ein Augenblick», mit der Arie der Pamina in der Zauberflöte, mit der Todesverkündung in der Walküre zu vergleichen, um zu erkennen, für welche Seelenvorgänge die Musik aus ihren tiefsten Brunnen schöpft.

Nun läßt sich einwenden, daß doch oft auch unbedeutende Personen und Vorgänge des Alltags, Intrige, Tücke, Lüge und Beschimpfung eine musikalisch interessante, geistreich anziehende Vertonung erhalten, ohne daß hierdurch die Wahrhaftigkeit und Glaubhaftigkeit des dramatischen Ausdrucks verringert wird. Hieran ist der wesenseigene Adel jeder musikalischen Sprache nicht minder beteiligt, wie die erlesene Persönlichkeit des Komponisten – das eigentlich Gemeine kann aus diesen Gründen in der Musik gar nicht zum Ausdruck gelangen, sondern erfährt in der Vertonung eine Art Hebung, die in der überhaupt gehobenen Atmosphäre des musikalischen Kunstwerkes nicht unnatürlich wirkt. Wieviel an geistreicher, interessanter, ja reizvoller Musik aber auch in der Oper dem Alltäglichen, Unfreundlichen oder Bösen zugeteilt sein mag, so bleibt doch der Unterschied zwischen ihr und der hinreißenden Sprachgewalt, die sie in der Vertonung des moralisch Hohen entwickelt, so drastisch, daß sie uns damit ein unfehlbares Kriterium für die moralische Seite der dramatischen Vorgänge bietet. Diese ihre empfindliche Reaktion im Ethischen kann aber nur daraus verstanden werden, daß sie selbst ein Ethosträger ist; oder es kann gar nicht verstanden werden.

Ein Gebiet allerdings gibt es, auf dem die Musik ihre Schwingen fast ebenso weit entfaltet wie auf dem des Guten, des moralisch Hohen: es ist das Erotische. Ob in der zartesten Äußerung wie die Pagenarien im Figaro, ob in der verführerischen des «La ci darem la mano» im Don Giovanni, ob in der Ekstase und Verklärung des Wagnerschen Tristan, im Grunde steht die ganze magische Ausdrucksgewalt der Musik dem Eros kaum weniger zur Verfügung als der Caritas. Und doch, auch ihm leiht sie ihre Sprachkraft nur in dem Maß, in dem das erotische Verlangen sich als Zärtlichkeit, als Sehnsucht, als Hingerissenheit, als Exaltation – kurz, in ethischen Bindungen äußert. Und desto mächtiger ist die Überzeugungskraft erotisch bewegter Musik, je höher das ethische Niveau der Beziehungen ist, die sie ausdrückt.

Von so starken moralischen Kräften der Musik, von einem so hohen ethischen Eigenleben unserer Kunst sollten wir also in der Tat – bei der Fülle der Musikausübung – einen ethischen Einfluß auf die Kulturmenschheit, soweit sie der Musik ergeben ist, annehmen. Das moralische Wesen des Menschen aber ist kompliziert, in uns allen wohnt Gut und Böse in harter Mischung und theoretisch läßt sich die Frage, ob und inwieweit die Musik das moralische Wesen des Menschen mit einer gewissen Dauerwirkung zu heben vermag, gewiß nicht beantworten. Praktische Beobachtungen in dieser Richtung sind vielleicht schon gemacht worden, aber sicher zu selten und zu unsystematisch, als daß sie wahren Aufschluß geben könnten.

Von einem solchen Fall möchte ich aber jetzt erzählen, der mir zufällig bekannt wurde und sehr bemerkenswert erscheint:

In San Francisco suchte mich eines Tages ein Mann mittleren Alters auf – ich habe leider den Namen dieses außergewöhnlichen Menschenfreundes vergessen – und berichtete mir, er sei Musiker, habe sich außerdem seit langem für das Leben der Sträflinge interessiert und sei beim Nachdenken über deren Schicksal, Seelenzustände, Zukunftsmöglichkeiten auf die Idee gekommen, durch die Musik auf sie einzuwirken. Es war ihm gelungen, den Direktor eines Zuchthauses für seinen Gedanken zu gewinnen und er begann, die Insassen dieses Zuchthauses im mehrstimmigen Chorgesang zu unterrichten. Der Erfolg seiner durch mehrere Jahre hindurch fortgesetzten Bemühungen war, wie er erzählte, überwältigend: das persönliche Verhalten der Sträflinge änderte sich von Grund auf; nicht nur, daß während des Unterrichtes ihre Freude, ihre Beglücktheit deutlich zu Tage trat, auch sonst war eine erstaunliche Milderung der harten und schwierigen Menschen in ihrem Verhalten gegen die Vorgesetzten, wie untereinander, zu beobachten. Statt der bis dahin üblichen Strafen wegen irgendwelcher Verfehlungen genügte von nun an in den meisten Fällen die Drohung, den Schuldigen von der nächsten Chorgesangstunde auszuschließen, um ihn gefügig zu machen. Soweit das Wissen meines Besuchers reichte, war von den nach dieser Zeit aus dem Zuchthaus Entlassenen niemand rückfällig im Verbrechen geworden und dabei war seit Beendigung seiner Tätigkeit schon eine Reihe von Jahren verflossen. Erinnere ich mich recht, so hat ein Wechsel in der Leitung des Zuchthauses seinen Bemühungen ein Ende gemacht und er kam zu mir, wie er sicher auch zu vielen anderen gekommen war, um mich für seine Idee zu interessieren und zu bitten, ob ich mich vielleicht bei einflußreichen Menschen für eine Wiederaufnahme seiner Tätigkeit und für eine Verbreitung des Gedankens einsetzen wollte. Meine Bemühungen brachten leider kein Resultat, aber ich glaube, daß der Philantrop, der mir von seinen Erfahrungen im Zuchthaus berichtete, durchaus auf dem rechten Wege war.

Der Verbrecher ist als antisoziales oder mindestens als asoziales Wesen anzusehen, d. h. die Gesellschaft ist ihm verhaßt oder gleichgültig, er nimmt sich von ihr mit List oder Gewalt, was er wünscht, und das ist seine einzige Beziehung zu ihr. Er ist sozusagen allein auf der Welt, in sein hartes Ich eingeschlossen und lebt in furchtbarer Einsamkeit. Außer manchmal im Fall der Todesnot war meinem Gewährsmann keine Gelegenheit bekannt geworden, bei welcher gütige oder mahnende Worte den starren Panzer dieser Eingeschlossenheit in sich durchdringen, über die rohe oder stumpfe Abwehr des Sträflings siegen konnten. Was dem Wort versagt war, gelang nun der Musik: man sang mehrstimmige Männerchöre, Akkorde und ihre Fortschreitungen erklangen, aus gemeinsamem Bemühen hervorgebracht. Die einen sangen B, die anderen D, die dritten F, sie sangen weiter und produzierten einen anderen Zusammenklang – die Einsamen wurden durch den Akkord zu einer

Gesellschaft, die miteinander, gemeinsam etwas Wohltuendes schuf, sie wurden sozusagen «vergesellschaftet» und fühlten auf elementare Weise die Schönheit der Gemeinsamkeit; und es läßt sich verstehen, daß eine Erwärmung, Erhebung, Erneuerung die Folge war.

Ich kann nicht genug empfehlen, derartige Versuche auch bei uns aufzunehmen, von deren Wirkung freilich die gänzlich Unmusikalischen ausgeschlossen wären; doch dürfte deren Zahl geringer sein als man denkt. Vor allem aber wünschte ich, daß in den Schulen der mehrstimmige Gesang gepflegt und in den Kindern schon der Sinn für eine sich in Harmonien manifestierende Gemeinsamkeit entwickelt würde. Ich entsinne mich aus meinen ersten Schuljahren des Eindrucks der Öde, den mir unser Unisono Gesang machte und der Erlösung, die ich beim mehrstimmigen Singen empfand; diese mir noch heute genau erinnerliche Beglückung glaube ich nicht nur meinem musikalischen Vergnügen über den reicheren Klang, sondern auch der moralischen Befriedigung über das harmonische In-Verbindung-treten mit meinen Mitschülern zuschreiben zu dürfen.

Im Unisono werden die Singenden zur Masse, im mehrstimmigen Chorgesang zur Gesellschaft. Die auf Vergesellschaftung zielende, harmonische Gemeinsamkeit bewirkende Macht der Musik ist ein hoher Beweis für das Vorhandensein und die Intensität ihrer moralischen Kräfte, und diese Gemeinsamkeit beschränkt sich ja nicht nur auf die zum Musizieren Verbundenen: in denselben magischen Kreis zieht unsere Kunst die Zuhörenden; ob es fünf sind oder zweitausend, alle werden von der gleichen Woge erfaßt, in die gleichen Gefühlshöhen emporgetragen; die Musik macht sie zur Gemeinde, ja ich glaube oft zu fühlen, wie wir vom Zauber ihrer Verwandlungskraft erfaßt, eine Art mystischer Auflösung, Verschmelzung, Einswerdung erleben. Im Strom der Liebe, der uns in der Musik umfängt, lösen sich die Fesseln der Individuation; die auf dieser Erde zu lebenslänglicher Gefangenschaft in sich verurteilte einsame Seele, emporgetragen in die Ewigkeitssphäre der Musik, wird teilhaftig eines schrankenlosen Verbundenseins mit dem All, sie erlebt eine Ahnung der Seligkeit. Und die Worte des sterbenden Faust können wir auf große Momente musikalischer Entrücktheit anwenden: «Im Vorgefühl von solchem hohen Glück genieß' ich jetzt den höchsten Augenblick.»

Und da sollten wir nicht annehmen, daß solche immer wiederholte Bestärkungen im Guten, die wir im Musizieren erfahren, das An-uns-branden so hoher moralischer Kräfte in der Musik, das unverrückbare Aufwärtsweisen ihrer Kompaßnadel uns besser machen?

Meine Damen und Herren! Ich bin mir klar darüber, daß ich nichts von dem, was ich soeben ausgeführt habe, verstandesmäßig beweisen kann. Aber außer musikgeschichtlichen Tatsachen kann zweifellos alles, was je über Musik gesagt oder geschrieben wurde, nur mit einem Fragezeichen statt mit einem Punkt versehen werden und ich bin bereit, meine heutigen Darlegungen auch unter die Herrschaft dieses Symbols zu stellen.

Und doch sind es keine bloßen Träume eines Musikers, der nach lebenslangem Musizieren sich auch einmal gern in Gedanken und Phantasien über seine Kunst ergehen möchte. Zu beredt spricht die Musik selbst von ihren Geheimnissen zu jedem, dessen Sinn und Seele ihr erschlossen sind.

Ziehen Sie ihre Beredsamkeit heran, um meine Behauptungen zu überprüfen – lauschen Sie hinein in ein Beethovensches Adagio und fragen Sie sich dann, ob es mir nicht recht gibt, ob solche Musik nicht unser moralisches Wesen in eine Wegrichtung weist, die mit der unseres Gewissens übereinstimmt, ob sie unsere ethischen Anlagen nicht mit ihrer dem Göttlichen verwandten Kraft bestätigt und segnet.

(Vortrag, Wien 1935)

AUSKLANG*

Mir ist im hohen Alter das Glück zuteil geworden, in die Welt der Anthroposophie eingeführt zu werden und mich im Laufe der letzten Jahre in die Lehre Rudolf Steiners versenken zu können. Hier lebt und wirkt jenes Rettende im Hölderlinschen Sinn; sein Segen hat sich auch auf mich ergossen, und so soll denn dies Buch mit dem Bekenntnis zur Anthroposophie ausklingen. Es gibt kein Gebiet meines Innenlebens, das nicht von der hohen Lehre Rudolf Steiners neues Licht und entscheidende Förderung empfangen hätte. Doch wage ich hier nur als Musiker zu sprechen – ich müßte mich sonst ins Grenzenlose verlieren. Als solcher aber durfte ich mit anfänglicher

Verwunderung und späterer tiefer Genugtuung aus den Strahlen, die aus der anthroposophischen Lichtquelle auch auf die Musik fallen, erfahren, daß ich vom dunklen Drang meiner Jugendjahre wie vom folgenden bewußten Suchen nach Erkenntnis auf den rechten Weg gewiesen worden war, und daß die aus meinem Musikertum entstandenen Gedanken über Ursprung und Wesen der Musik vor der anthroposophischen Anschauung bestehen können. Ja, mehr als das: sie finden in der erhabenen Weltschau Rudolf Steiners eine unendlich vertiefte, weisheitsvollere Begründung und eine Erweiterung, wie sie mir mein Musikertum allein nie hätte gewähren können, und die meine mehr intuitiven Erkenntnisse zur Gewißheit machten. Nichts hätte mich über die mir angeborene Richtung zur Anthroposophie überzeugender aufklären können als die Erfahrung, daß der grundlegende Teil dieses Buches(*, der lange vor meiner ersten Berührung mit der Lehre Rudolf Steiners geschrieben war, seine wesentliche Gültigkeit auch im Schein der mir so spät gewordenen höheren Einsicht bewahrte. Freilich, die Einheitlichkeit dieses meines musikalischen Testamentes fand ich durch die bis dahin nicht geahnte plötzliche Geistesfülle, die mitten während seiner Abfassung mein Leben überflutete, in Frage gestellt. Da aber, wie gesagt, der damals vorhandene Teil des Buches im wesentlichen mit den Aufschlüssen und Aussagen Rudolf Steiners über die Musik wunderbar übereinstimmte, so fühlte ich mich ermutigt, den einmal eingeschlagenen Weg fortzusetzen, mit anderen Worten, weiterhin als fachlicher Musiker zu schreiben und nicht als Anthroposoph. Was ich hier geschrieben, ist also nicht auf dem Boden der Anthroposophie entstanden, doch fühle ich mich in dem kühnen Glauben sicher, daß sie es im wesentlichen billigen kann. Eine aus der anthroposophischen Weltschau entstandene umfassende Deutung der Musik ist freilich erst zu erwarten, und es wird Sache erfahrenerer Jünger Rudolf Steiners sein als ich es bin, sie der Welt zu schenken. Sie wird nicht weniger als eine grundsätzlich neue Methode einer, ich möchte sagen, elementarischen musikgeschichtlichen Darstellung im Zusammenhang mit ihrer integralen Einordnung in die allgemeine Geistesgeschichte der Menschheit schaffen und als systematische Ausgestaltung anthroposophischer Ideen über Wesen und Bedeutung der Musik die menschliche Weite und Fruchtbarkeit seiner Lehre bestätigen.

Ich bin mir klar, daß ein solches Werk nicht meine Sache sein kann – eine andere, eine tiefere Vertrautheit mit dem Lehrgebäude, das Rudolf Steiner errichtete, wäre dazu erforderlich als die, die ich mir in den wenigen Jahren meiner Bemühungen hatte erwerben können. Doch drängt es mich, all das, was ich hier als

Musiker geschrieben, mit einem Wort an die Anthroposophie zu beschließen. Denn – ich wiederhole es – groß ist meine Dankbarkeit für die unermeßliche Bereicherung, die sie meinem hohen Alter gewährt hat. Es ist herrlich, in meinen Jahren noch einmal Schüler geworden zu sein. Ich fühle in meinem ganzen Wesen die Verjüngung, die stärkend und erneuernd auch auf mein Musikertum, ja auf mein Musizieren wirkt. Diese besondere Dankbarkeit des Musikers geht aber völlig auf in dem überwältigenden Gefühl einer allgemeinen Dankbarkeit, das mich erfüllt und das zu bekennen es mich drängt. In dieses Gefühl mündet nun mein wechselvolles, vielbewegtes, musikgesegnetes Leben: in Dankbarkeit lebe ich, blicke in die Vergangenheit, blicke in das Künftige – und blicke ich nach oben.

Beverly Hills, August 1955

*) «Von der Musik und dem Musizieren»
Frankfurt/M. 1986, S. Fischer Verlag

BRUNO WALTER
Stationen seines Lebens

1876 am 15. Sept. in Berlin geboren (Bruno Walter *Schlesinger)*

1884 Beginn des Musikstudiums am Stern'schen Konservatorium in Berlin

1886 erstes öffentliches Auftreten als Pianist mit den Berliner Philharmonikern. Bald danach entscheidendes Erlebnis eines Konzertes unter Hans von Bülow; Entschluß Dirigent zu werden – Umstellung des Studiums

1893 (–1894) Korrepetitor am Stadttheater in Köln – dirigiert die erste Oper: «Der Waffenschmied»

1894 Korrepetitor, Chordirektor, dann Kapellmeister am Stadttheater in Hamburg unter Gustav Mahler

1896 (–1897) Kapellmeister am Stadttheater in Breslau

1897 (–1898) Kapellmeister am Stadttheater in Preßburg

1898 Kapellmeister am Stadttheater in Riga

1900 (–1901) Kapellmeister an der Hofoper in Berlin

1901 Heirat mit Elsa Wirthschaft (Künstlername Korneck); erstes Symphonie-Konzert in Berlin

1901 (–1912) K. u. K. Hofkapellmeister in Wien

1903 (4. Okt.) Geburt der Tochter Lotte in Wien

1904 dirigiert die von ihm komponierte «Symphonische Phantasie» «Feuersnot» in Frankfurt/Main

1905 Uraufführung seines Klavierquintettes in Essen

1906 (26. Sept.) Geburt der Tochter Grete in Wien

1908 Uraufführung der ersten Symphonie Bruno Walters unter seiner Leitung in Wien.

1908 (–1912) Gastspielreisen nach London, Rom und Moskau

1910 Einbürgerung in Österreich, *Walter* wird offizieller Familienname; dirigiert die Oper «The Wreckers» von Ethel Smyth in London

1912 Musikfest in Wien, Uraufführung von Mahlers 9. Symphonie durch Bruno Walter

1913 (–1922) Königl. Bayer. Generalmusikdirektor in München.

1916 Uraufführung von E. W. Korngolds «Ring des Polykrates» und des «Palestrina» von Pfitzner durch Bruno Walter

1920 Uraufführung von «Die Vögel» von Walter Braunfels durch Bruno Walter

1923 (–1933) Bruno-Walter-Konzerte mit den Berliner Philharmonikern in Berlin
erste Amerika-Reise als Gastdirigent in New York, Detroit, Boston und Minneapolis

1924 deutsche «Season» in London (Covent Garden Opera), geleitet von Bruno Walter; zweiter Amerika-Besuch

1925 (–1929) Generaldirektor der Berliner städtischen Oper

1925 (–1937) Beteiligung an den Salzburger Festspielen; dritte Amerikareise

1926 Konzerte in Rußland (Leningrader Philharmoniker), Einladung an die Mailänder Scala

1927 vierte Amerikareise

1928 Festspiele in Paris; Bruno Walter leitet das erste Konzert der Wiener Philharmoniker zur Einweihung des neuen Saales der Salzburger Festspiele

1929 (–1933) Gewandhauskapellmeister in Leipzig; fünfte Amerikareise

1932 sechste Amerikareise

1933 Verbot der Konzerte Bruno Walters in Leipzig und Berlin, Abreise nach Österreich

1936 (–1938) Direktor der Wiener Staatsoper

1938 nachdem durch den «Anschluß» Österreichs Bruno Walters Paß ungültig wurde, erhält er die französische Staatsbürgerschaft

1939 verlegt seinen Wohnsitz nach den USA

1941 Gastdirigent der Philharmonic Society in New York

1944 50jähriges Dirigentenjubiläum

1945 Tod von Bruno Walters Frau Elsa

1946 Bruno Walter erhält die amerikanische Staatsbürgerschaft

1947 (–1949) Direktor der New-York-Philharmonic-Society

1948 Gastspielreisen durch das Nachkriegs-Europa

1960 letzte Gastspielreise nach Europa; Feier des 100jährigen Geburtstages von Gustav Mahler in Wien

1962 (17. Febr.) in Beverly Hills/Kalifornien gestorben.

INHALT

Bildnachweis:

Seite 6 Bruno Walter/Ullstein-Bilderdienst, Berlin
Seite 44 Bruno Walter um 1930, Portraitstudie von Lotte Jacobi/Ullstein-Bilderdienst, Berlin